三國志

이희재 삼국지

1 형제의 의를 맺다

Humanist

작가의 말

《삼국지》에는 숱한 이야기의 물줄기가 흘러갑니다. 잔잔한 수면 위에 파동이 일기도 하고, 장대비가 내리치며 홍수가 이는가 하면, 거센 파도가 밀려와 평온한 마을을 덮치기도 합니다. 사람과 사람, 세력과 세력이 맞물리고 부딪치며 대륙을 질러가고, 산과 들을 굽이돌아 흐르며 천지를 뒤흔듭니다. 1800여 년 전, 고대 중국에서 구름처럼 일었던 인물들의 이야기입니다.

천지가 요동쳐도 흔들림이 없는 관우, 감정에 충실한 용맹의 사나이 장비, 인의의 뜻을 따르며 어질기 그지없는 유비, 이상을 품고 초막에 누워 있다 유비를 따라나선 풍운의 지략가 제갈공명, 사람을 버리고 얻는 데 실리를 좇으며 천하 제패에 다가서는 조조, 무도한 행동으로 배신의 대명사가 된 여포, 그 밖에도 손권·주유·원소·공손찬·조자룡·태사자·방통·황충·마초·강유·사마의 등등…. 실로 수백수천의 영웅호걸들이 활개를 칩니다. 어떤 이는 힘과 용기로, 또 어떤 이는 머리와 꾀로 밀고 당기고, 치고 빠지며 천하를 종횡합니다.

어렵고 긴 내용을 경쾌하게 만날 수 있다는 것이 만화의 장점입니다. 한 권에 수백 쪽이 넘는 활자책을 이백여 쪽의 시각 조형으로 구성하는 일은 제한된 지면의 절대 공간과 싸우는 일이었습니다. 《삼국지》를 만화로 만드는 과정은 원작의 큰 줄기를 살리고 곁가지들을 솎아 내는 일이기도 하였습니다. 나관중 원작에서 벗어난 부분을 살피고, 중국 민중들 사이에서 입으로 전해지는 에피소드를 일부 보탰습니다.

흔히 《삼국지》를 세상살이를 읽는 책이라고 합니다. 세상을 살아가며 사람 사이의 관계를 헤아리고 자신을 돌아보며 성찰을 이끌어 내는 내용이기 때문일 것입니다. 한 번쯤 읽어야 할 고전이며 한 번쯤 걸어야 할 길이라는 의미이기도 합니다. 《이희재 삼국지》는 아이와 부모가 함께 읽을 수 있는 책으로, 부모들이 먼저 읽고 자녀들에게 권하는 만화입니다. 《삼국지》의 무대 속으로 들어가 시간 여행을 하기 바랍니다.

2016년 7월
이희재

동탁

후한의 승상. 성격이 포악하고 잔인하여 대신과 백성의 원성을 산다.

여포

동탁의 수하. 힘으로는 이길 자가 없다는 맹장이다.

원소

사세삼공의 명문가 출신. 중랑장 노식과 함께 황건적 토벌에 앞장선다.

조조

타고난 기질과 재능을 바탕으로 난세를 헤쳐 나간다.

손견

오군 출신으로 강동의 호랑이라 불릴 만큼 용맹한 장수다.

공손찬

유비와 함께 노식 밑에서 학문을 익혔다. 이 인연으로 여러 차례 유비를 돕는다.

장각

태평도를 창시하고 세력을 키워 나가던 중 후한 말엽의 혼란을 틈타 황건난을 일으킨다.

차례

작가의 말   4
등장인물   6

제1장	황건의 회오리	11
제2장	뽕나무 아래 용이 있다	29
제3장	조조 또한 용이라 하네	39
제4장	복숭아밭에서 형제가 되다	53
제5장	황토 바람 속으로	77
제6장	황건을 베고 개선하다	97
제7장	관리는 부패하고 조정엔 먹구름이	127

제8장	**십상시의 난**	145
제9장	**하늘과 땅이 바뀌니 해와 달이 뒤집히고**	165
제10장	**칠보검은 범의 등에서 빗나가고**	183

■ **연표** 203

■ 일러두기
- 이 책에서 말하는 《삼국지》는 진수가 쓴 정사 《삼국지》가 아니라 나관중이 지은 소설 《삼국지연의》를 뜻합니다.
- 《삼국지》에는 유비·조조처럼 성과 이름으로 부르는 경우와, 현덕(유비)·맹덕(조조)처럼 자로 부르는 경우가 혼용되어 있습니다. 상대방을 이름으로 부르는 것은 자신보다 지위가 낮거나 어린 사람인 경우, 또는 싸움에서 상대를 무시할 때 등이고 보통은 이름 대신 자를 부르는 것이 관례입니다. 이 책에서는 공명(제갈량)이나 자룡(조운)처럼 자가 널리 알려진 몇몇 인물만 성과 자를 썼고, 그 외 인물 대부분은 혼란을 줄이기 위해 성과 이름으로 표기했습니다.
- 지명은 〈외래어 표기법〉 대신 소설에서 널리 쓰인 관용 표기를 따랐습니다. 예를 들어 洛陽을 뤄양이라 하지 않고 낙양처럼 우리 한자음 읽기를 하였습니다.
- 이 책에 실린 연표는 《삼국지》의 이해를 돕기 것으로 실제 역사와는 차이가 있습니다.

제1장

三國志

황건의 회오리

천하가 나누어진 지 오래면 반드시 합쳐지고,
합쳐진 지 오래면 반드시 나누어진다.
난세에는 새로운 세상을 이루려는 영웅들이 일어난다.
후한 말, 어지러운 천하가 셋으로 갈라져 다투니
≪삼국지≫는 이때에 활약한 영웅호걸들의 이야기다.

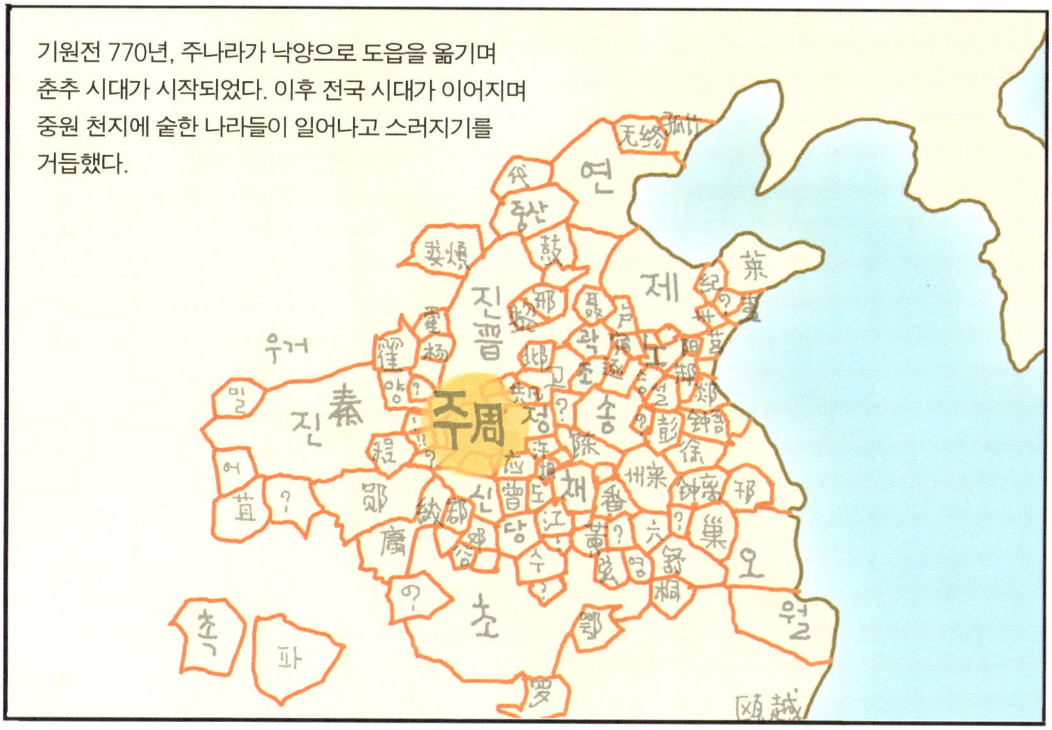

기원전 770년, 주나라가 낙양으로 도읍을 옮기며 춘추 시대가 시작되었다. 이후 전국 시대가 이어지며 중원 천지에 숱한 나라들이 일어나고 스러지기를 거듭했다.

춘추 전국 시대 약 550년간은 흥망과 성쇠의 각축이었다.

B.C. 770년 — B.C. 221년

하·상 / 춘추시대 / 전국시대 / 진 / 한

춘추 시대는 천자의 주나라를 중심으로 제후국들이 때로는 협력하고 때로는 경쟁을 했다오.

춘추에서 전국 시대에 걸쳐 공자와 맹자를 비롯한 제자백가가 사상의 꽃을 피웠소.

전국 시대는 힘을 바탕으로 먹고 먹히는 약육강식, 전쟁의 시기였소.

제1장 황건의 회오리 13

후한 120년이 넘어갔다. 다시 어지러운 세상이 닥쳐왔으니 이는 환제 때부터였다.

환제가 죽고 열세 살의 영제가 즉위하자 환관들이 조정을 감싸고 조였다.

돌개바람이 불더니 푸른 구렁이가 대들보에서 떨어져 황제의 용상에 앉았다네.

변괴로다!

간덩이가 작은 황제께서 놀라 자빠져 버렸어.

• **십상시** 실권을 잡고 있던 10명의 환관을 일컫는다. 실제 역사에서는 사람의 수나 인물을 다르게 기록하고 있기도 하다.

중평* 1년(184), 태평도의 무리가 천하를 흔들며 들고일어났다.

일어서라. 세상을 뒤엎을 때가 왔다!

장각 님을 따르자!

태평도 무리의 두목인 장각은 원래 벼슬길에 나아가려 했다.

학문을 갈고닦아 시험을 잘 봐도 뇌물을 쓰지 않으면 낙동강 오리알이야.

또 떨어졌어.

산으로 들어가 약초나 캐며 살아야겠다.

그래, 이렇게 사는 게 속이 편하다.

장각아, 나를 따라오너라.

헉, 신선이다!

• **중평** 영제의 네 번째 연호.

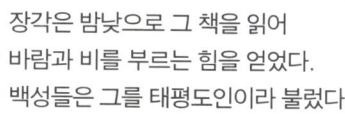

장각은 밤낮으로 그 책을 읽어
바람과 비를 부르는 힘을 얻었다.
백성들은 그를 태평도인이라 불렀다.

• **천공장군** 장각이 스스로를 높여 부른 말이다. 장보는 지공장군, 장량은 인공장군이라 했다.

제2장

三國志

── 뽕나무 아래 용이 있다

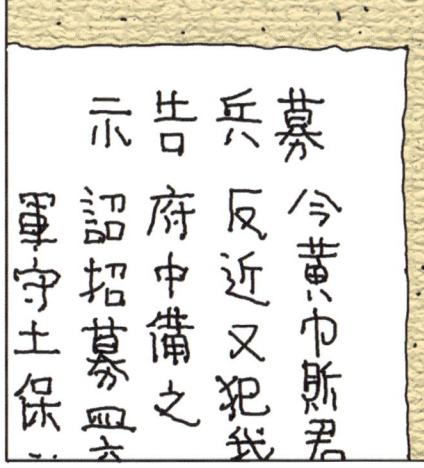

제3장

三國志

조조 또한 **용이라 하네**

조조의 아버지 조숭은 원래 하후씨였다. 아버지 조숭이 세력가인 환관 조등의 양자가 되면서 조조 또한 환관의 자손이 되었다. 조조는 그런 집안 덕분에 벼슬길에 나가게 되었다.

"너는 이제 조씨 가문이니라."

조조는 낙양 북부위가 되어 낙양성 출입을 다스렸다.

"내가 맹덕 조조요."

"나리께서 뭘 하시는 거지?"

"어디에 쓰는 물건입니까요?"

"보면 모르겠느냐?"

제4장

三國志
― 복숭아밭에서 형제가 되다

세 사람은 뜻이 맞아 형제의 의를 맺었다.

세 사람 중에 유비가 맏형이 되고, 관우가 둘째, 장비가 셋째가 되었다.

제5장

三國志

황토 바람 속으로

그들과 헤어진 뒤, 유비는 솜씨 좋은 대장장이를 불러 새로 얻은 쇠로 세 사람의 무기를 만들고, 갑옷과 투구와 병사들의 병장기를 만들어 나누었다.

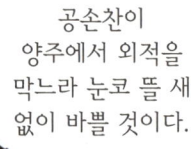

제6장

三國志 — 황건을 베고 개선하다

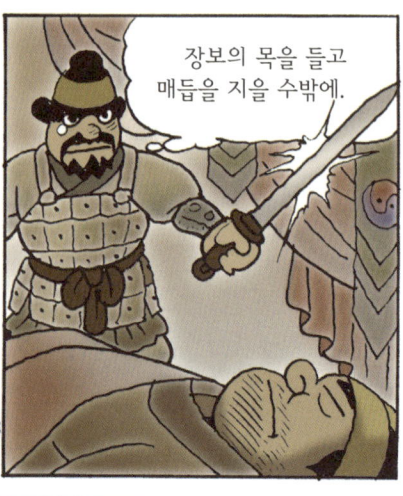

이 일로 손견의 이름이 강동 일대에 알려졌고 교위로 천거되었다.

그 뒤, 회계 땅에서 허창이라는 자가 황제를 칭하며 반란을 일으켰는데, 용사 천여 명으로 허창의 무리를 잠재워 버렸다.

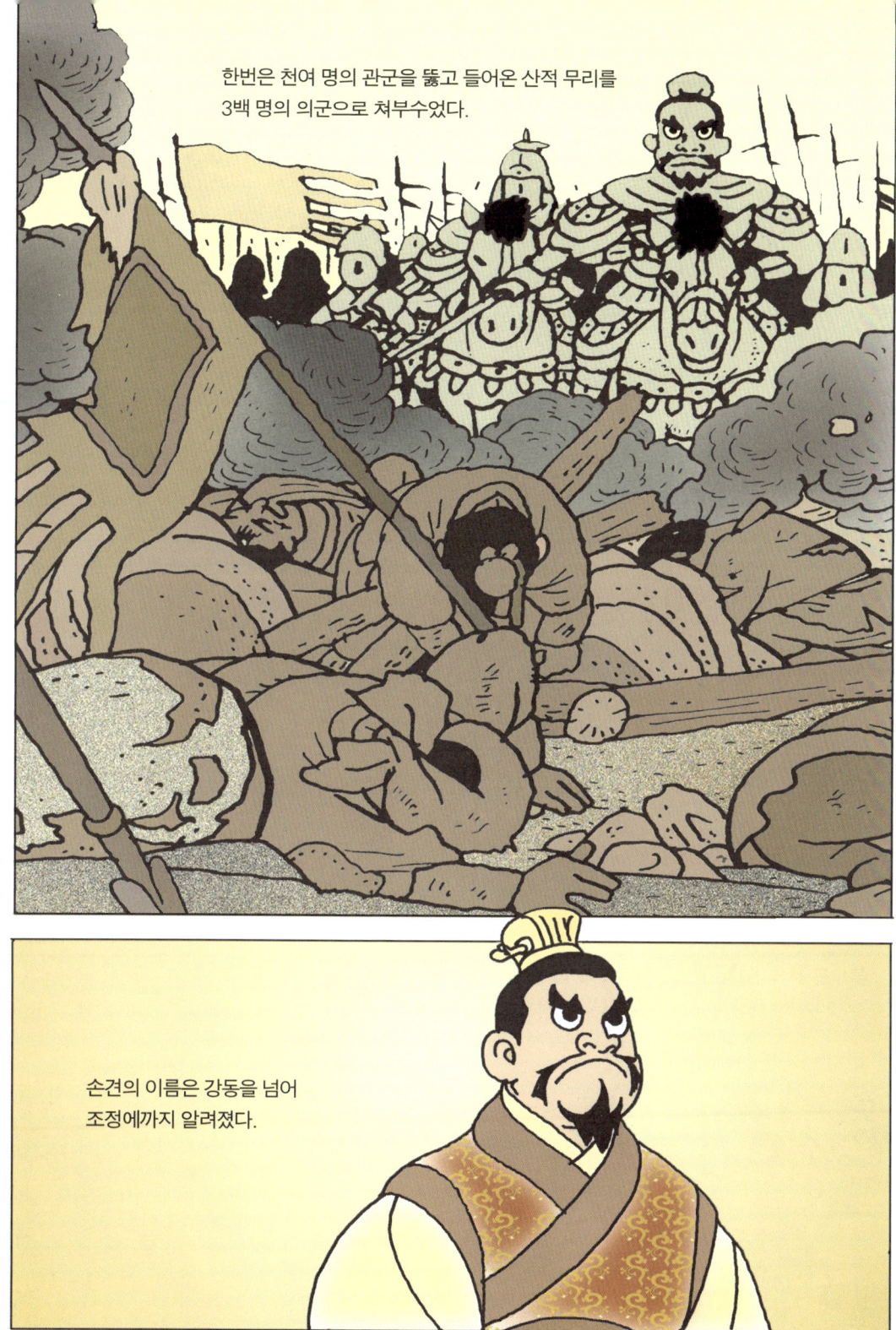

허창의 난을
토벌했던 용사들이오.
의군이라도 관군에
뒤지지 않을 것이오.

서둘러 가자!

손견은 사흘 만에 군사 1,500명을 이끌고 주준에게 달려왔던 것이다.

손견이 토벌에 가세하자 전세는 기울어졌다. 주준과 손견, 유비가 협공을 하니 드세게 버티던 황건 무리는 흐트러져 무너져 갔다.

제7장

三國志

관리는 부패하고 조정엔 먹구름이

* **독우** 한나라 때 태수를 보좌하던 관리로, 지방 관리의 잘잘못을 감찰하던 역할을 했다.

장사 태수로 간 손견은 여러 번 싸움에서 이겨 반란군을 토벌하고

마침내 구성의 목을 베었다.

하지만 어양으로 내려간 유우는 장거·장순 무리에게 포위당하고 말았다.

제8장

三國志 — 십상시의 난

• **태후** 아직 영제가 살아 있는 시점을 기준으로 동 태후는 황태후이고 하 태후는 황후이지만, 이 책에서는 《삼국지연의》의 표현을 그대로 따라 두 사람 모두 태후로 적었다.

제8장 십상시의 난

- **여후** 한의 시조 유방의 황후다. 유방이 죽은 후 자신의 일족을 고위직에 임명하는 등 권력을 휘둘렀다.

"동탁의 군사가 우릴 죽이려고 성 밖에 진을 쳤습니다."

"빨리 손쓰지 않으면 하진 패거리 손에 죽겠군!"

"대장군이 저희를 죽이려고 동탁의 군사를 불러들였습니다. 마마, 살려 주십시오!"

"예삿일이 아니군. 너희들이 직접 찾아가 빌어 보는 게 어떠냐?"

"저희들이 가면 모두 죽일 텐데요?"

"제발 태후마마께서 대장군을 말려 주십시오."

"태후마마, 제발…."

"알았다. 대장군을 들어오시라고 해라."

"됐다! 이제 하진을 죽이는 일만 남았군."

이날 궁 안에서 벌어진 피바람으로 하루 동안에
죽은 자의 수를 헤아리기 힘들었다.
환관들이 하진을 죽이고 황제와 진류왕을 납치하니
이를 십상시의 난이라고 한다.

제9장

三國志
― 하늘과 땅이 바뀌니 해와 달이 뒤집히고

제9장 하늘과 땅이 바뀌니 해와 달이 뒤집히고

동탁은 스스로 승상이 되어 황제를 손아귀에 틀어쥐었다.

제10장

三國志

칠보검은 **범**의 **등**에서 **빛나가고**

■ 후한 말 13주

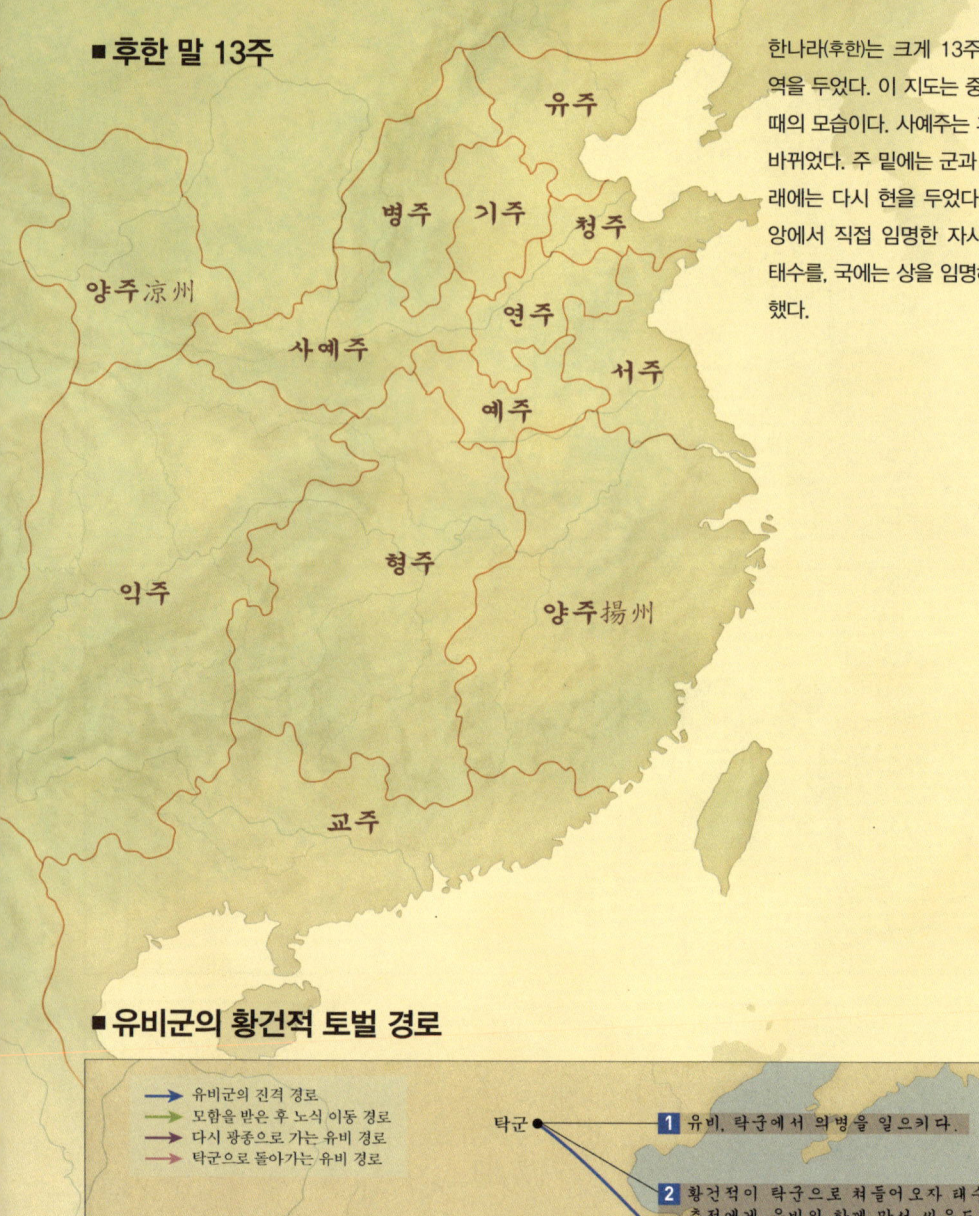

한나라(후한)는 크게 13주의 행정 구역을 두었다. 이 지도는 중평 6년(189) 때의 모습이다. 사예주는 후에 사주로 바뀌었다. 주 밑에는 군과 국을, 그 아래에는 다시 현을 두었다. 주에는 중앙에서 직접 임명한 자사를, 군에는 태수를, 국에는 상을 임명해 다스리게 했다.

■ 유비군의 황건적 토벌 경로

→ 유비군의 진격 경로
→ 모함을 받은 후 노식 이동 경로
→ 다시 광종으로 가는 유비 경로
→ 탁군으로 돌아가는 유비 경로

1 유비, 탁군에서 의병을 일으키다.

2 황건적이 탁군으로 쳐들어오자 태수 유언이 추정에게 유비와 함께 맞서 싸우도록 하다.

3 청주 태수 공경이 구원을 요청하다. 유언이 추정에게 군사를 주며 공경을 구하라고 명령하다. 유비도 추정과 함께 가다.

4 유비, 스승 노식을 돕기 위해 광종으로 가다.

5 노식이 황보숭과 주준을 도우라며 유비를 영천으로 가게 하다.

6 유비가 영천에 도착했으나 황보숭은 노식이 위기에 놓였다며 다시 광종으로 가라고 하다.

7 광종으로 가던 도중 모함을 받고 낙양으로 잡혀가던 노식을 만나다.

8 낙담하고 탁군으로 돌아가던 중 황건적에 쫓기던 동탁을 구하다.

9 다시 싸우기로 하고 주준을 찾아 영천으로 가다.

10 유비, 주준·손견과 함께 완성을 공격하다.

■ 연표

기원전		
	221	진시황 중국을 통일하다.
	209	진승·오광이 난을 일으키다.
		진나라 말기, 진승과 오광이 일으킨 농민의 난이다. 진나라가 망하는 계기가 된다.
	206	진나라 망하다.
	202	유방이 황제에 등극하다.
		유방은 해하에서 초의 항우를 제압하고 황제의 자리에 오른다.

기원후		
	8	왕망이 신나라를 세우다.
		왕망은 한(전한)의 황제 평제를 독살한 후 제위를 빼앗아 나라를 세운다.
	23	신나라 망하다.
	25	광무제(유수)가 한나라(후한)를 재건하다.
	132	환제 태어나다.
	139	동탁 태어나다.
	155	조조 태어나다.
	156	영제 태어나다.
	161	유비 태어나다.
	167	환제 죽다.
	168	영제 등극하다.
		환제는 후사가 없어서 당질인 영제가 황제에 올랐다.
	176	소제(유변) 태어나다.
	181	헌제(유협) 태어나다.
		유변은 하 태후의 소생이고, 유협은 왕 미인의 소생이다. 하 태후가 왕 미인을 독살한 후, 할머니인 동 태후가 유협을 키웠다.
	184	황건난이 일어나다.
		장각이 후한 타도를 외치며 일으킨 반란이다. 견해에 따라서는 '농민 봉기'로 보기도 한다. 이 책에서는 연의의 표현을 따라 '황건난'이라 표현했다.
	189	영제 죽다.
		소제 등극하다.
		영제의 후계 문제로 하 태후와 동 태후 사이에 갈등이 생겼으나, 대장군 하진의 힘으로 하 태후의 아들인 유변이 황제가 되었다.
		동탁이 낙양에 입성하다.
		하진이 환관들을 제압하기 위해 군벌을 부른다. 동탁이 정권을 잡는 계기가 된다.
		십상시가 난을 일으키다.
		수세에 몰리던 환관들이 난을 일으켜 하진을 죽인다. 이에 원소가 군사를 이끌고 환관들을 제압한다. 환관 장양 등이 소제와 진류왕을 납치해 도망치는 일이 벌어진다.
		헌제 등극하다.
		동탁이 소제·진류왕 일행과 함께 낙양으로 돌아온다. 이후 권력을 잡은 동탁은 소제를 폐위시키고 진류왕 유협을 황제의 자리로 올린다.
		소제 죽다.
	190	동탁이 소제와 하 태후를 죽음으로 몰아넣다.

이희재 **삼국지 1** 형제의 의를 맺다

1판 1쇄 발행일 2016년 8월 10일
1판 3쇄 발행일 2025년 9월 22일

글·그린이 이희재
원작 나관중
만화 어시스트 오현 유지호(구성), 유병윤(데생), 고은미 지혜경(채색)

발행인 김학원
발행처 (주)휴머니스트출판그룹
출판등록 제313-2007-000007호(2007년 1월 5일)
주소 (03991) 서울시 마포구 동교로23길 76(연남동)
전화 02-335-4422 **팩스** 02-334-3427
저자·독자 서비스 humanist@humanistbooks.com
홈페이지 www.humanistbooks.com
유튜브 youtube.com/user/humanistma
인스타그램 @humanist_insta

편집 위원석 고흥준 이혜인 **디자인** 김태형 최우영 구현석 박인규
조판 프린웍스 **용지** 화인페이퍼 **인쇄** 삼조인쇄 **제본** 민성사

ⓒ 이희재, 2016

ISBN 978-89-5862-148-5 07910
ISBN 978-89-5862-158-4 (세트)

• 이 책은 저작권법에 따라 보호받는 저작물이므로 무단 전재와 무단 복제를 금합니다.
• 이 책의 전부 또는 일부를 이용하려면 반드시 저자와 (주)휴머니스트출판그룹의 동의를 받아야 합니다.